Impressum
Verlag: BABADADA GmbH, Nedderfeld 112 , 22529 Hamburg
Geschäftsführer / Verlagsleitung: Harald Hof
Druck: Books on Demand GmbH, In de Tarpen 42, 22848 Norderstedt

Imprint
Publisher: BABADADA GmbH, Nedderfeld 112 , 22529 Hamburg, Germany
Managing Director / Publishing direction: Harald Hof
Print: Books on Demand GmbH, In de Tarpen 42, 22848 Norderstedt, Germany

escuela
escuela

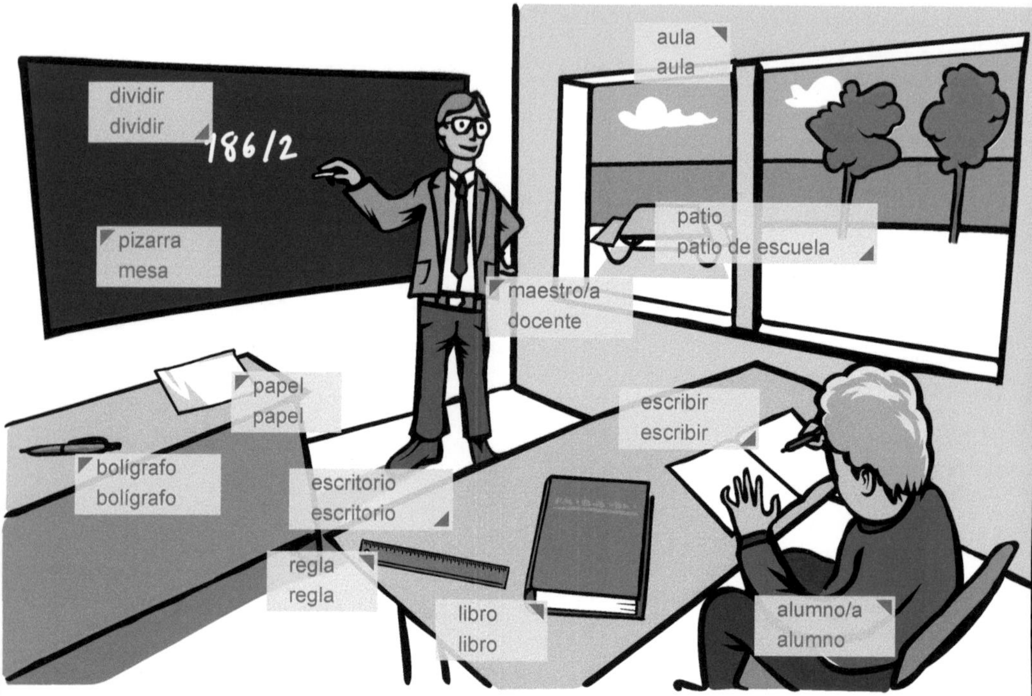
aula
aula
dividir
dividir
186/2
pizarra
mesa
patio
patio de escuela
maestro/a
docente
papel
papel
escribir
escribir
bolígrafo
bolígrafo
escritorio
escritorio
regla
regla
libro
libro
alumno/a
alumno

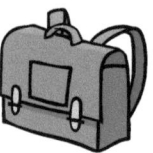

cartera
mochila escolar

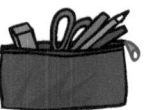

caja de lápices
caja de lápices

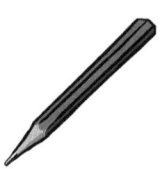

lápiz
lápiz

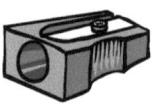

sacapuntas
sacapuntas

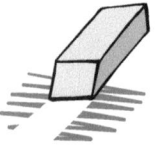

goma de borrar
goma de borrar

cuaderno de dibujo
bloc de dibujo

dibujo
dibujo

pincel
pincel

caja de pinturas
caja de pinturas

tijeras
tijera

pegamento
pegamento

cuaderno de ejercicios
libro de ejercicios

deberes
tarea

12

número
número

2+2

sumar
sumar

5-2

restar
restar

2×2

multiplicar
multiplicar

calcular
calcular

A

letra
letra

ABCDEFG HIJKLMN OPQRSTU VWXYZ

alfabeto
alfabeto

hello

palabra
palabra

texto

texto

leer

leer

tiza

tiza

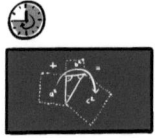

lección

lección

cuaderno de notas

libro de clase

examen

examen

certificado

certificado

uniforme escolar

uniforme escolar

educación

educación

enciclopedia

enciclopedia

universidad

universidad

microscopio

microscopio

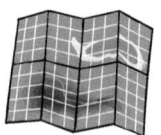

mapa

mapa

papelera

cesto de papeles

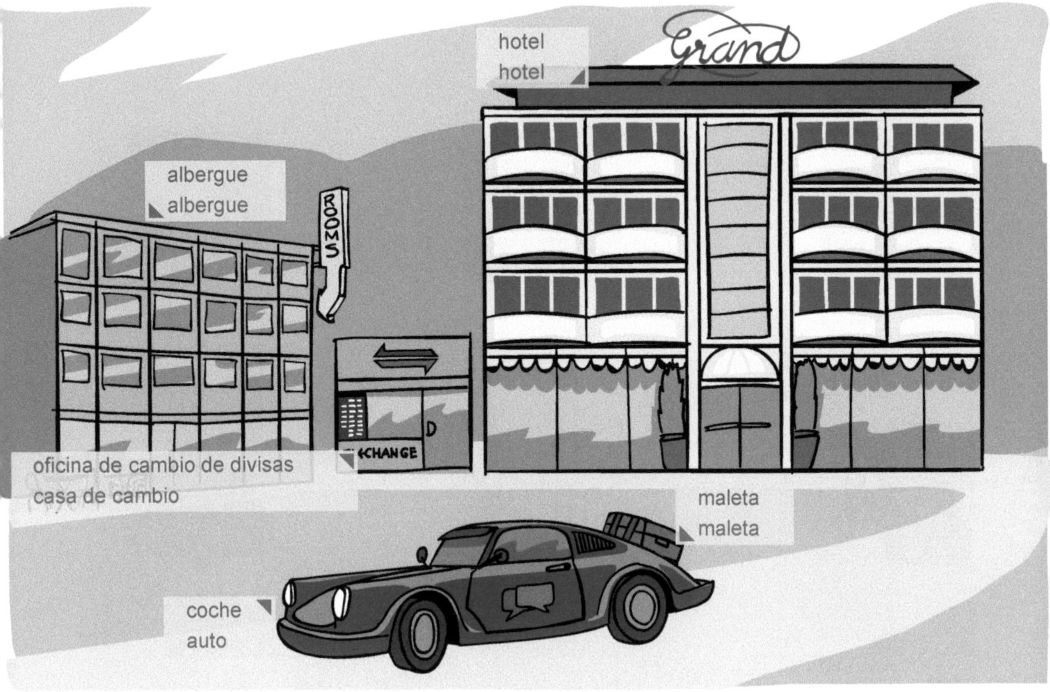

hotel
hotel
Grand
albergue
albergue
ROOMS
oficina de cambio de divisas
casa de cambio
CHANGE
maleta
maleta
coche
auto

idioma

idioma

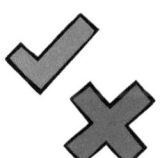

sí / no

sí / no

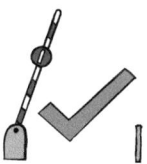

Vale

ok

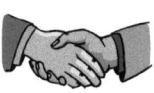

hola

hola

traductor

intérprete

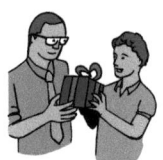

Gracias

gracias

¿cuánto es…?

¿Cuánto cuesta…?

No entiendo

No entiendo

problema

problema

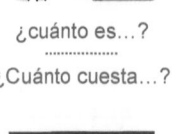

¡Buenas tardes!

¡Buenas tardes!

¡Buenos días!

¡Buenos días!

¡Buenas noches!

¡Buenas noches!

adiós

adiós

dirección

dirección

equipaje

equipaje

bolsa

bolso

mochila

mochila

invitado

invitado

habitación

cuarto

saco de dormir

saco de dormir

tienda de campaña

tienda de campaña

información turística	playa	tarjeta de crédito
información al turista	playa	tarjeta de crédito

desayuno	almuerzo	cena
desayuno	almuerzo	cena

billete	ascensor	sello
pasaje	ascensor	sello

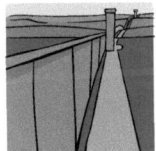		
frontera	aduana	embajada
límite	aduana	embajada

visa	pasaporte
visa	pasaporte

transporte

transporte

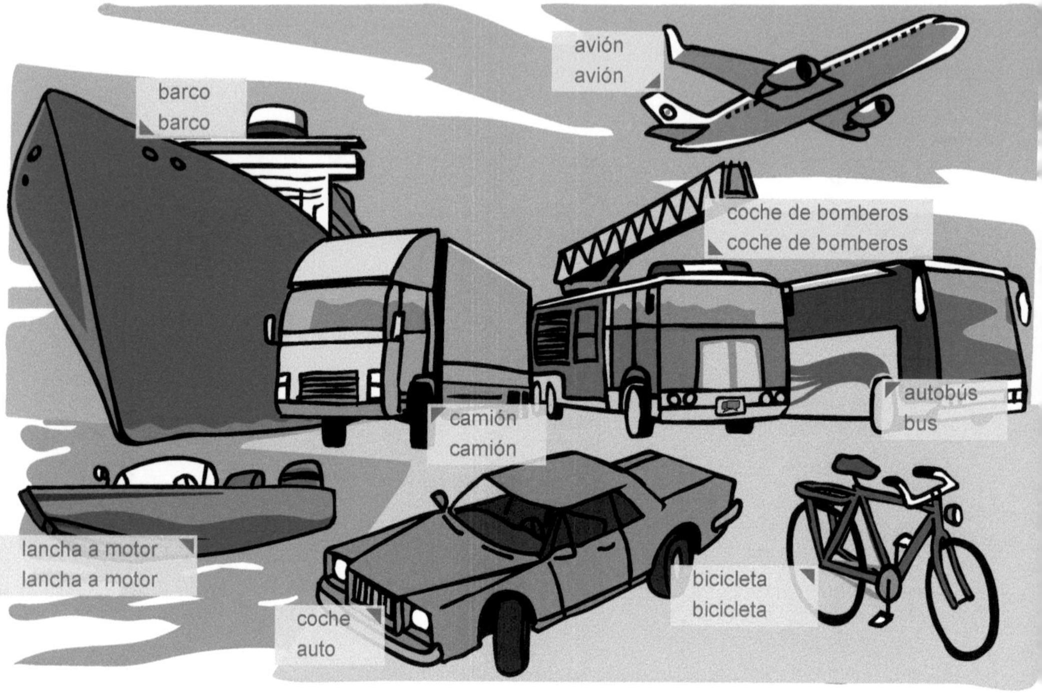
avión
avión
barco
barco
coche de bomberos
coche de bomberos
autobús
bus
camión
camión
lancha a motor
lancha a motor
bicicleta
bicicleta
coche
auto

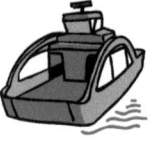

transbordador

balsa

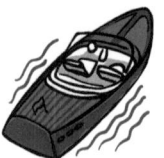

barca

lancha

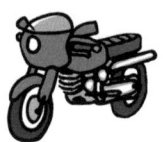

moto

motocicleta

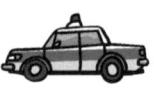

coche de policía

auto de policía

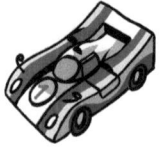

coche de carreras

auto de carreras

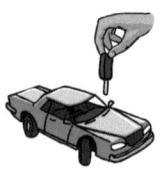

coche de alquiler

auto de alquiler

préstamo de vehículos

alquiler de autos

grúa

grúa

camión de la basura

vehículo recolector de basura

motor

motor

gasolina

gasolina

gasolinera

gasolinera

señal de tráfico

señal de tráfico

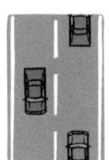

tráfico

tránsito

atasco

atasco

aparcamiento

estacionamiento

estación de tren

estación de tren

vías

carril

tren

tren

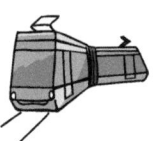

tranvía

tranvía

vagón

vagón

helicóptero

helicóptero

aeropuerto

aeropuerto

torre

torre

pasajero

pasajero

contenedor

contenedor

caja de cartón

caja de cartón

carretilla

carro

cesta

cesta

despegar / aterrizar

despegar / aterrizar

ciudad

ciudad

pueblo

aldea

centro de ciudad

centro de la ciudad

casa

casa

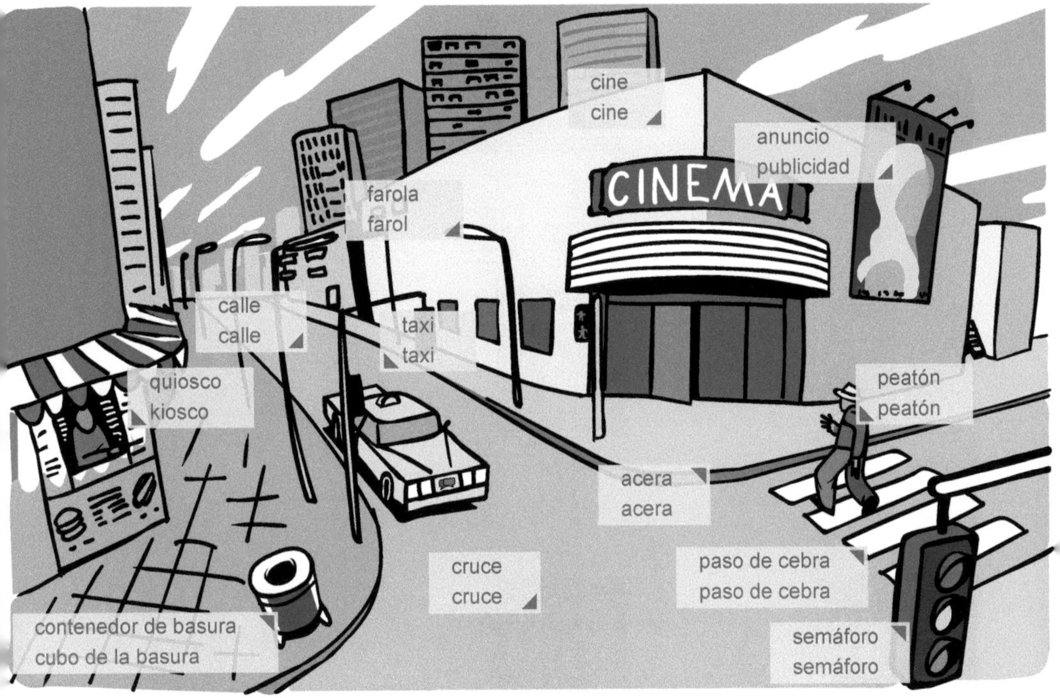

cine
cine

anuncio
publicidad

farola
farol

CINEMA

calle
calle

taxi
taxi

quiosco
kiosco

peatón
peatón

acera
acera

cruce
cruce

paso de cebra
paso de cebra

contenedor de basura
cubo de la basura

semáforo
semáforo

cabaña
cabaña

apartamento
apartamento

estación de tren
estación de tren

ayuntamiento
ayuntamiento

museo
museo

escuela
escuela

ciudad - ciudad

universidad
universidad

banco
banco

hospital
hospital

hotel
hotel

farmacia
farmacia

oficina
oficina

librería
librería

tienda
negocio

floristería
florería

supermercado
supermercado

mercado
mercado

grandes almacenes
grandes almacenes

pescadería
pescadería

centro comercial
centro comercial

puerto
puerto

ciudad - ciudad

parque

parque

banco

banco

puente

puente

escaleras

escalera

metro

metro

túnel

túnel

parada de autobús

parada de autobuses

bar

bar

restaurante

restaurante

buzón

buzón de correo

poste indicador

letrero

parquímetro

parquímetro

zoo

zoológico

piscina

piscina

mezquita

mezquita

granja
granja

contaminación
polución

cementerio
cementerio

iglesia
iglesia

patio de juego
parque infantil

templo
templo

paisaje
paisaje

hoja
hoja

señal
indicador de camino

camino
sendero

prado
pradera

piedra
piedra

excursionista
caminante

árbol
árbol

río
río

hierba
pasto

flor
flor

valle
valle

colina
montaña

lago
lago

bosque
bosque

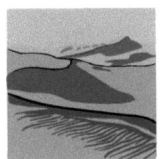

desierto
desierto

volcán
volcán

castillo
castillo

arcoíris
arco iris

champiñón
seta

palmera
palmera

mosquito
mosquito

mosca
mosca

hormiga
hormiga

abeja
abeja

araña
araña

paisaje - paisaje

escarabajo

escarabajo

rana

rana

ardilla

ardilla

erizo

erizo

liebre

liebre

lechuza

lechuza

pájaro

pájaro

cisne

cisne

jabalí

jabalí

ciervo

ciervo

alce

alce

presa

embalse

turbina eólica

aerogenerador

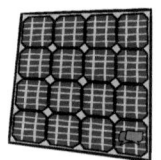

panel solar

módulo solar

clima

clima

restaurante
restaurante

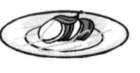

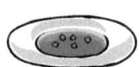

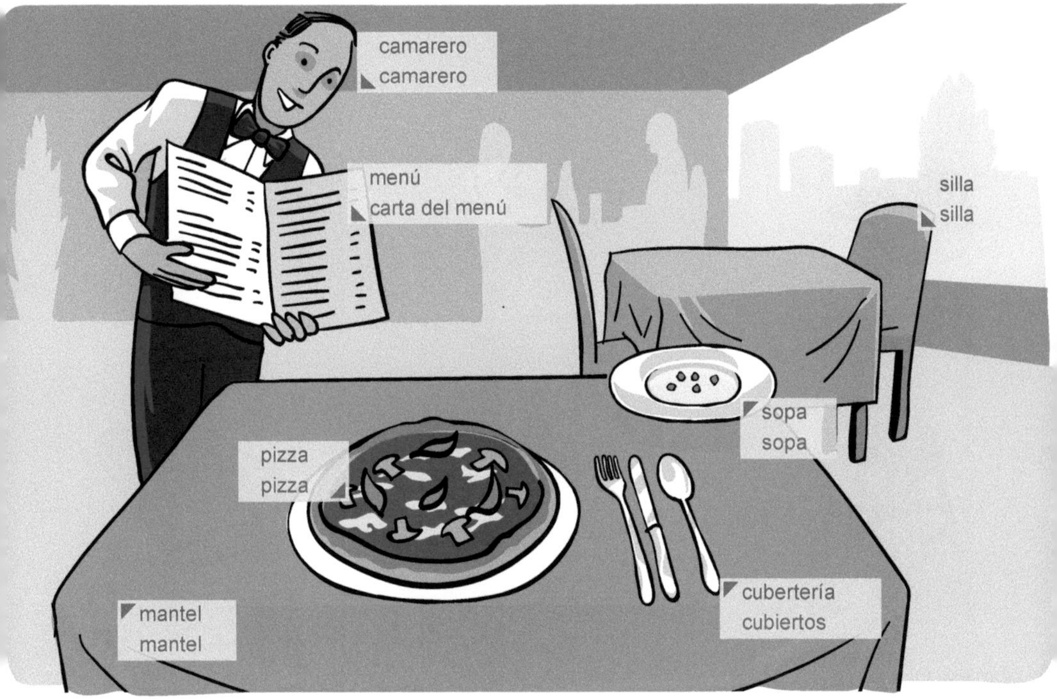
camarero
camarero
menú
carta del menú
silla
silla
sopa
sopa
pizza
pizza
cubertería
cubiertos
mantel
mantel

primer plato

entrada

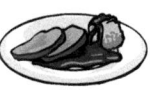

plato principal

plato principal

postre

postre

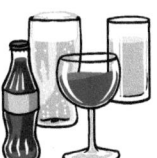

bebidas

bebida

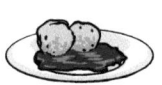

comida

comida

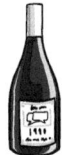

botella

botella

comida rápida
comida rápida

comida callejera
comida callejera

tetera
tetera

azucarero
azucarera

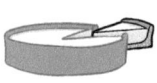

porción
porción

cafetera expreso
máquina de espresso

trona
silla alta

cuenta
factura

bandeja
bandeja

cuchillo
cuchillo

tenedor
tenedor

cuchara
cuchara

cucharilla
cuchara de té

servilleta
servilleta

vaso
vaso

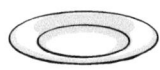

plato
plato

plato hondo
plato de sopa

platillo
platillo

salsa
salsa

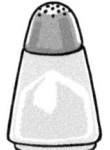

salero
salero

molinillo de pimienta
molinillo para pimienta

vinagre
vinagre

aceite
aceite

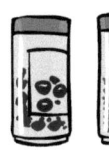

especias
especias

ketchup
ketchup

mostaza
mostaza

mayonesa
mayonesa

supermercado
supermercado

oferta especial
oferta
FOR
cliente
cliente
lácteos
productos lácteos
fruta
fruta
carro de la compra
carrito de compras

BUTCHERS

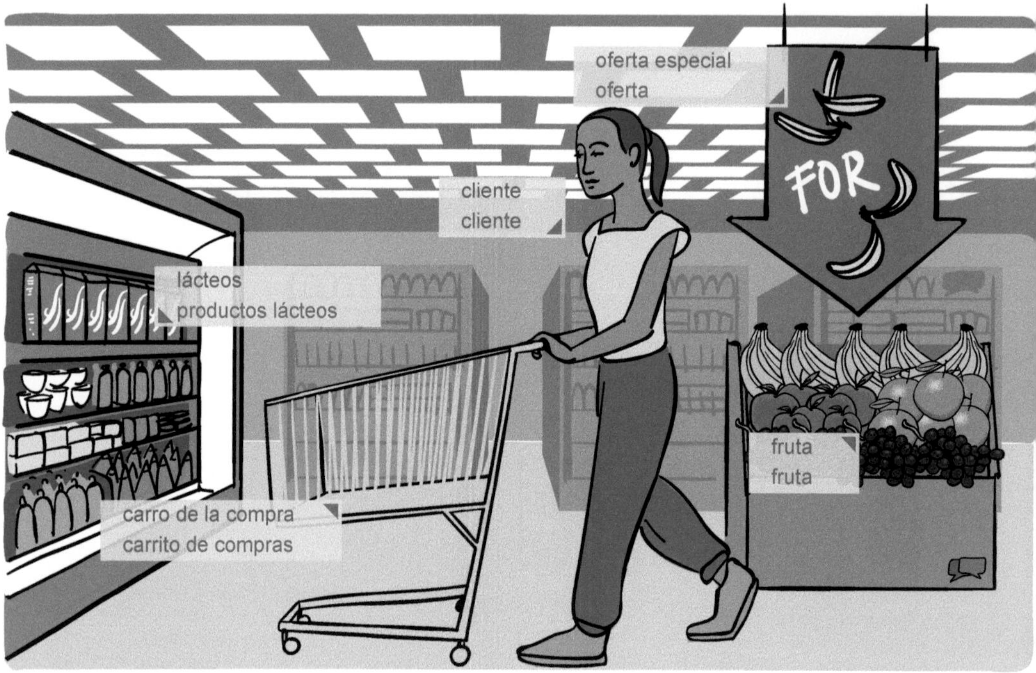

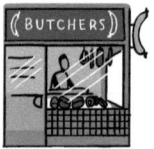

carnicería

carnicería

BAKERY

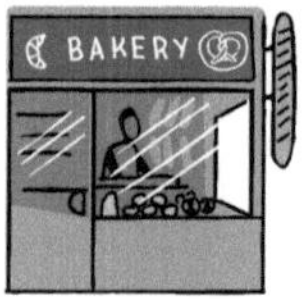

panadería

panadería

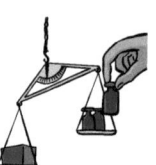

pesar

pesar

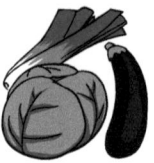

verduras

verdura

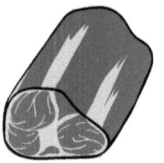

carne

carne

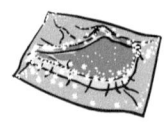

alimentos congelados

alimentos congelados

fiambres

fiambre

conservas

conservas

detergente en polvo

detergente en polvo

dulces

dulces

productos de uso doméstico

artículos domésticos

productos de limpieza

productos de limpieza

vendedora

vendedora

caja

caja

cajero

cajero

lista de la compra

lista de compras

horario de atención al
público

horario de atención

cartera

cartera

tarjeta de crédito

tarjeta de crédito

bolsa

maleta

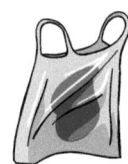

bolsa de plástico

bolsa plástica

agua

agua

zumo

jugo

leche

leche

cola

refresco de cola

vino

vino

cerveza

cerveza

alcohol

alcohol

cacao

cacao

té

té

café

café

expreso

espresso

capuchino

cappuccino

plátano

banana

manzana

manzana

naranja

naranja

melón

sandía

limón

limón

zanahoria

zanahoria

ajo

ajo

bambú

bambú

cebolla

cebolla

champiñón

seta

avellanas

nueces

fideos

fideos

espagueti

espagueti

arroz

arroz

ensalada

ensalada

patatas fritas

patatas fritas

patatas fritas

patatas salteadas

pizza

pizza

hamburguesa

hamburguesa

sándwich

sándwich

filete

escalope

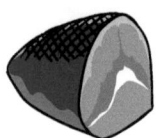

jamón

jamón

salami

salame

salchicha

embutido

pollo

pollo

asado

asado

pescado

pescado

comida - comida

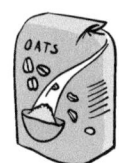

copos de avena

copos de avena

muesli

musli

copos de maíz

copos de maíz tostado

harina

harina

cruasán

croissant

panecillo

panecillo

pan

pan

tostada

tostada

galletas

galletas

mantequilla

mantequilla

cuajada

cuajada

pastel

pastel

huevo

huevo

huevo frito

huevo frito

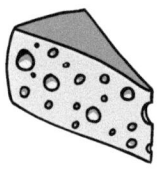

queso

queso

helado

helado

azúcar

azúcar

miel

miel

mermelada

mermelada

crema de turrón

praliné

curry

curry

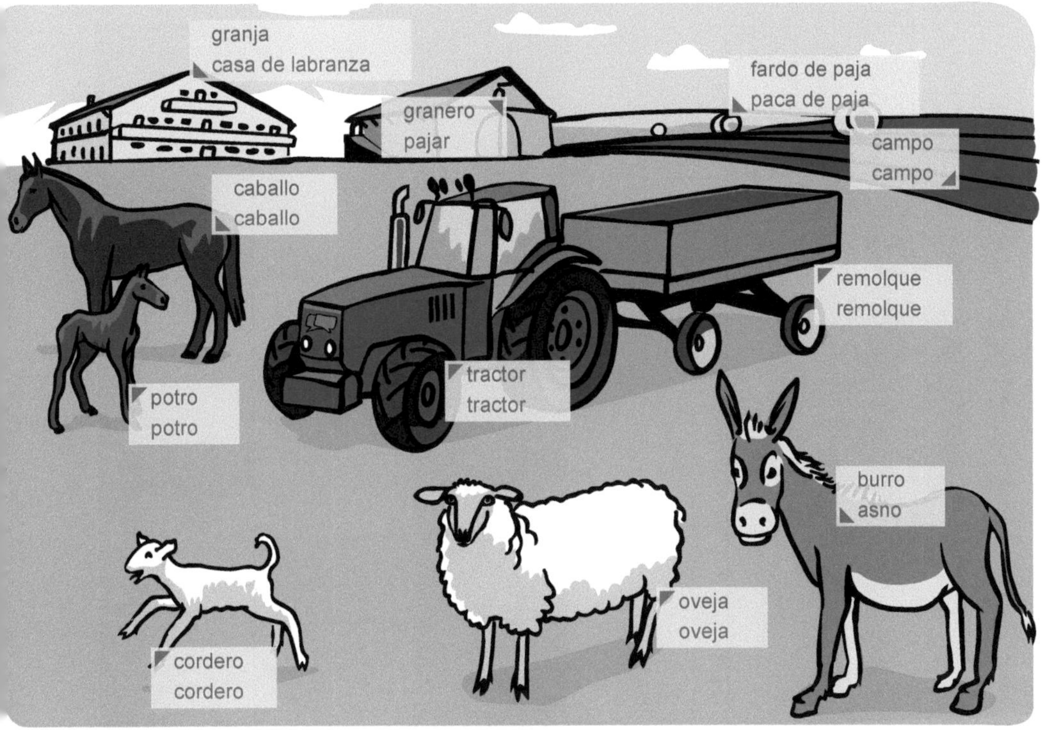

granja
casa de labranza

fardo de paja
paca de paja

granero
pajar

campo
campo

caballo
caballo

remolque
remolque

potro
potro

tractor
tractor

burro
asno

oveja
oveja

cordero
cordero

cabra

cabra

vaca

vaca

ternero

ternero

cerdo

cerdo

cerdito

lechón

toro

toro

ganso

ganso

pato

pato

pollo

polluelo

gallina

pollo

gallo

gallo

rata

rata

gato

gato

ratón

ratón

buey

buey

perro

perro

perrera

caseta del perro

manguera

manguera de riego

regadera

regadera

guadaña

guadaña

arado

arado

hoz

hoz

azada

azada

horca

bieldo

hacha

hacha

carretilla

carretilla

abrevadero

abrevadero

lechera

lechera

saco

saco

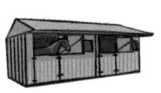

valla

cerca

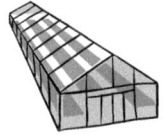

establo

establo

invernadero

invernadero

suelo

suelo

semilla

semilla

fertilizador

fertilizante

cosechadora

cosechadora

granja - granja

cosechar
....
cosechar

cosecha
....
cosecha

ñame
....
raíz de ñame

trigo
....
trigo

soja
....
soja

patata
....
patata

maíz
....
maíz

semilla de colza
....
colza

árbol frutal
....
Árbol frutal

mandioca
....
mandioca

cereales
....
cereales

casa
casa

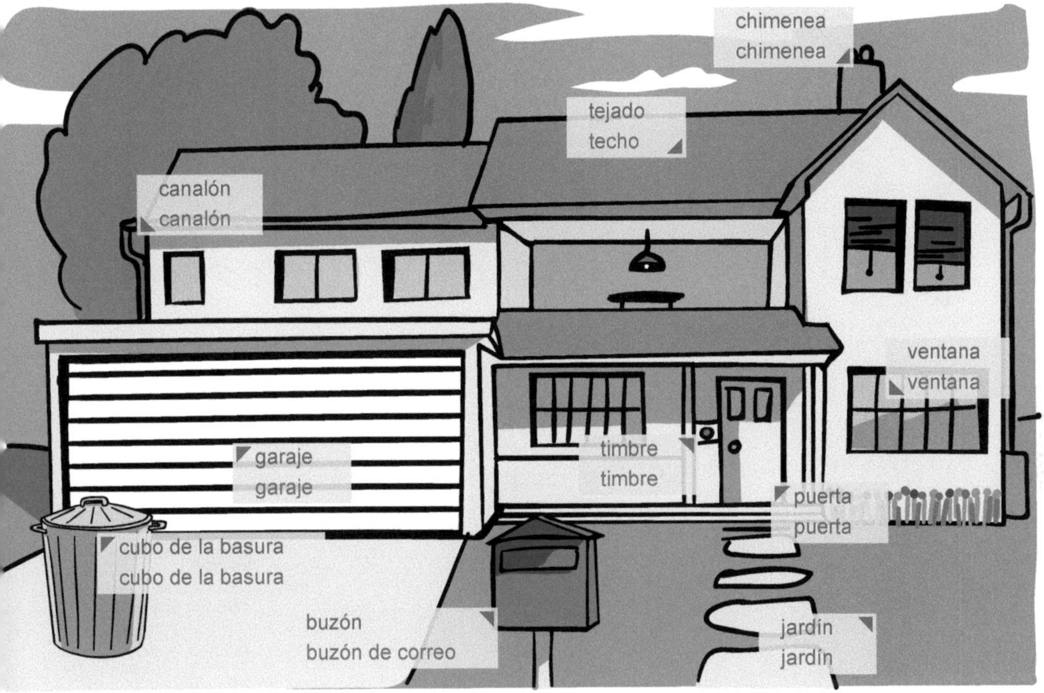
chimenea
chimenea
tejado
techo
canalón
canalón
ventana
ventana
garaje
garaje
timbre
timbre
puerta
puerta
cubo de la basura
cubo de la basura
buzón
buzón de correo
jardín
jardín

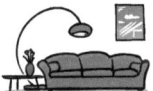

sala
cuarto de estar

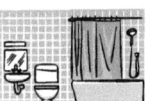

cuarto de baño
cuarto de baño

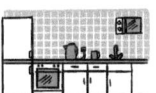

cocina
cocina

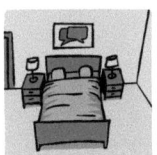

dormitorio
dormitorio

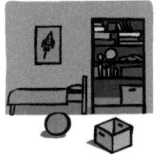

habitación de los niños
cuarto de los niños

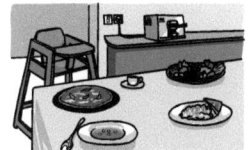

comedor
comedor

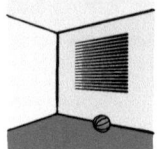

suelo
....
piso

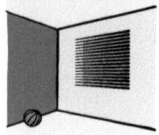

pared
....
pared

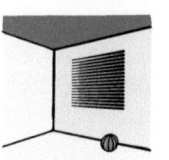

techo
....
cielorraso

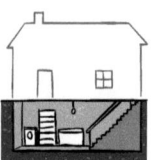

sótano
....
sótano

sauna
....
sauna

balcón
....
balcón

terraza
....
terraza

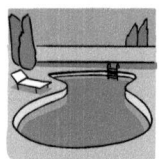

piscina
....
piscina

cortacésped
....
cortacésped

sábana
....
funda nórdica

colcha
....
edredón

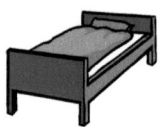

cama
....
cama

escoba
....
escoba

balde
....
cubo

interruptor
....
interruptor

sala
cuarto de estar

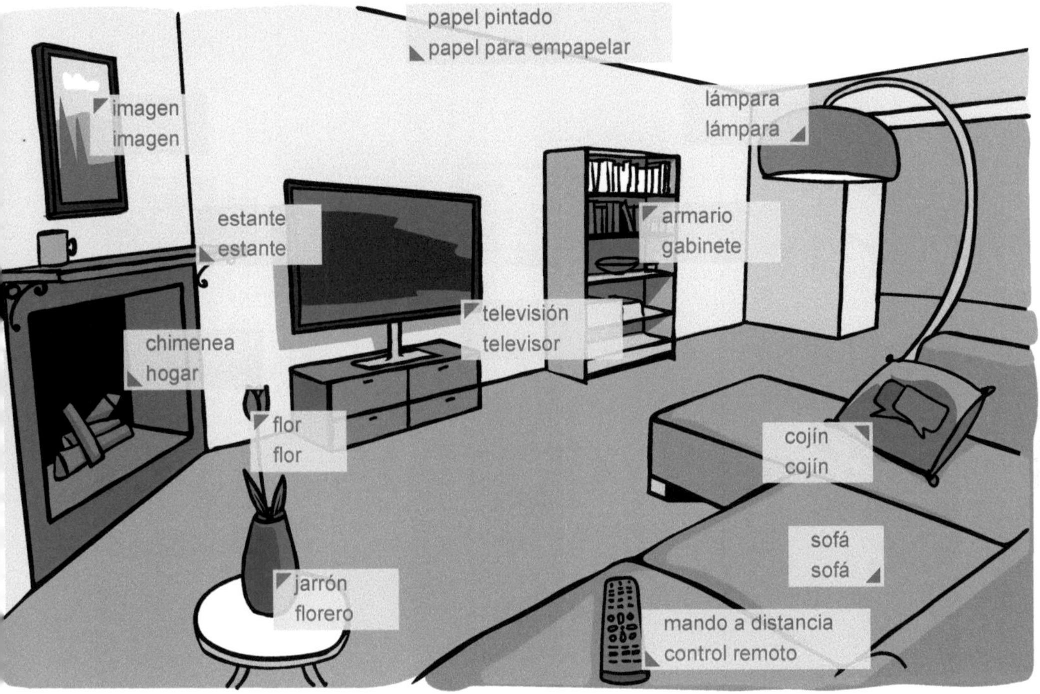

papel pintado
papel para empapelar
imagen
imagen
lámpara
lámpara
estante
estante
armario
gabinete
chimenea
hogar
televisión
televisor
flor
flor
cojín
cojín
sofá
sofá
jarrón
florero
mando a distancia
control remoto

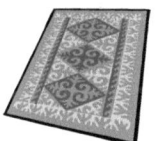

alfombra
alfombra

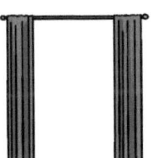

cortina
cortina

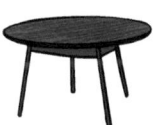

mesa
mesa

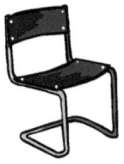

silla
silla

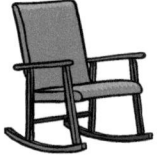

mecedora
mecedora

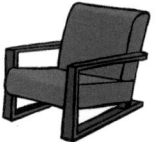

butaca
sillón

libro

libro

manta

frazada

decoración

decoración

leña

leña

película

film

equipo de música

equipo estereofónico

llave

llave

periódico

periódico

pintura

cuadro

póster

póster

radio

radio

cuaderno

bloc de notas

aspiradora

aspiradora

cactus

cactus

vela

vela

cocina

cocina

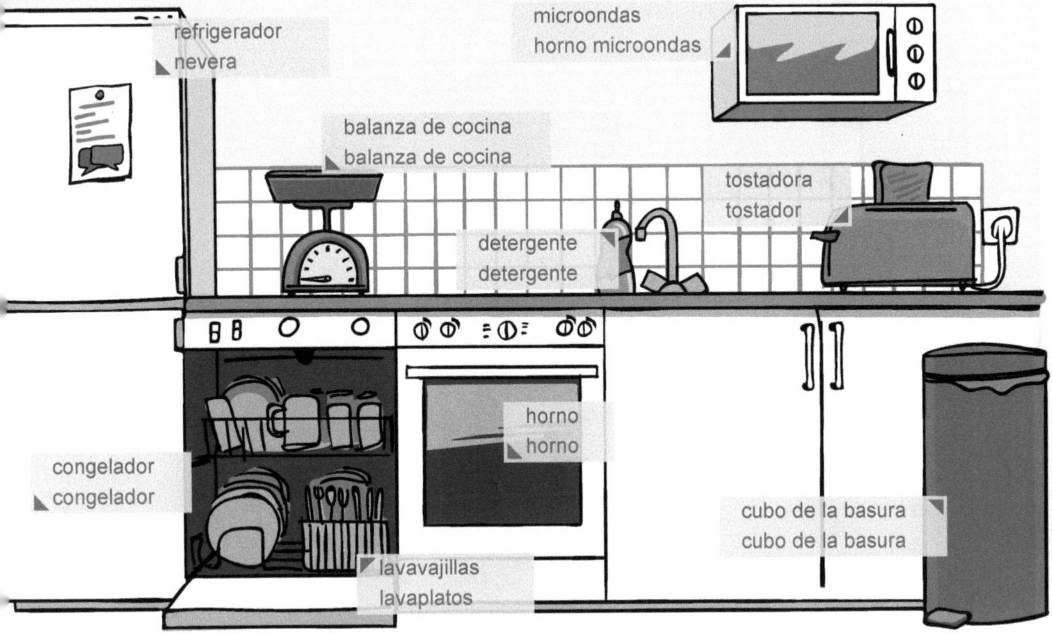

refrigerador
nevera
microondas
horno microondas
balanza de cocina
balanza de cocina
tostadora
tostador
detergente
detergente
horno
horno
congelador
congelador
cubo de la basura
cubo de la basura
lavavajillas
lavaplatos

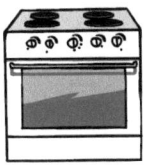

olla a presión

cocina

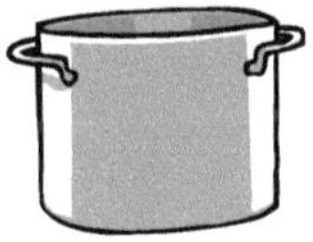

olla

olla

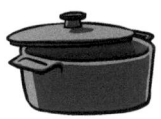

olla de hierro fundido

olla de fundición de hierro

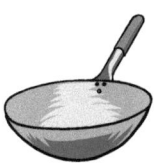

wok / karahi

wok / kadai

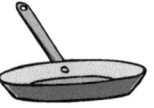

cazuela

sartén

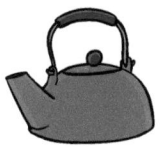

hervidor

hervidor de agua

vaporera

olla de vapor

chapa de horno

bandeja de horno

vajilla

vajilla

taza

vaso

tazón

bol

palillos

palillos para comer

cucharón

cucharón de sopa

espumadera

espátula

batidor

batidor

colador

colador

cedazo

cedazo

rallador

rallador

mortero

mortero

barbacoa

parrillada

hoguera

fogata

cocina - cocina

tabla de picar
tabla de picar

rodillo
rodillo

sacacorchos
sacacorchos

lata
lata

abrelatas
abrelatas

agarrador
agarrador

lavabo
fregadero

cepillo
cepillo

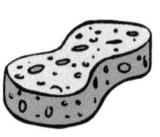

esponja
esponja

batidora
batidora

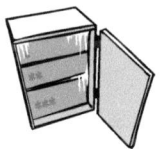

congelador
arcón congelador

biberón
biberón

grifo
grifo

cuarto de baño

cuarto de baño

calefacción
calefacción
toalla
toalla
ducha
ducha
cortina de la ducha
cortina para ducha
baño de espuma
baño de espuma
bañera
bañera
vaso
vaso
lavadora
lavadora
grifo
grifo
baldosas
baldosa
orinal
orinal
lavabo
fregadero

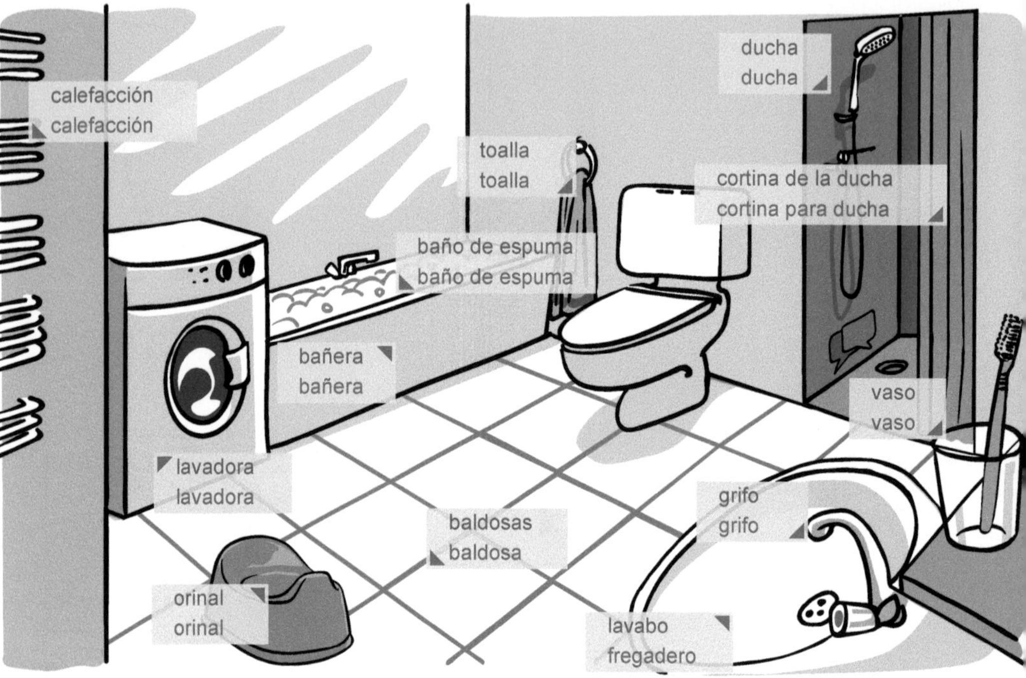

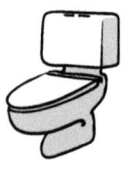

inodoro

cuarto de baño

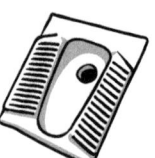

inodoro rústico

placa turca

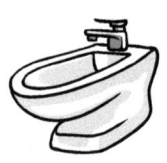

bidé

bidé

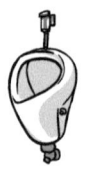

urinario

urinario

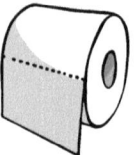

papel higiénico

papel higiénico

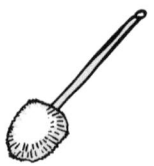

escobilla del váter

escobilla para el cuarto de baño

cepillo de dientes
cepillo de dientes

pasta de dientes
pasta dentífrica

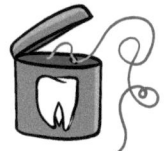

hilo dental
seda dental

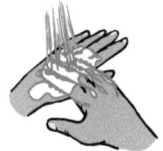

lavar
lavar

ducha de mano
ducha teléfono

ducha íntima
ducha higiénica

pila
cuenco

cepillo de espalda
cepillo para la espalda

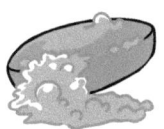

jabón
jabón

gel de ducha
gel de ducha

champú
champú

toallita
manopla para baño

desagüe
desagüe

crema
crema

desodorante
desodorante

espejo

espejo

espejo de tocador

espejo de maquillaje

maquinilla de afeitar

máquina de afeitar

espuma de afeitar

espuma de afeitar

loción postafeitado

loción para después del afeitado

peine

peine

cepillo

cepillo

secador

secador para cabello

laca

laca de peinado

maquillaje

maquillaje

pintalabios

lápiz labial

pintauñas

laca para uñas

algodón

algodón

cortauñas

tijera para uñas

perfume

perfume

estuche de viaje

neceser

banqueta

taburete

balanza

balanza

albornoz

bata de baño

guantes de goma

guantes de goma

tampón

tampón

compresa

compresa

inodoro químico

wáter químico

habitación de los niños
cuarto de los niños

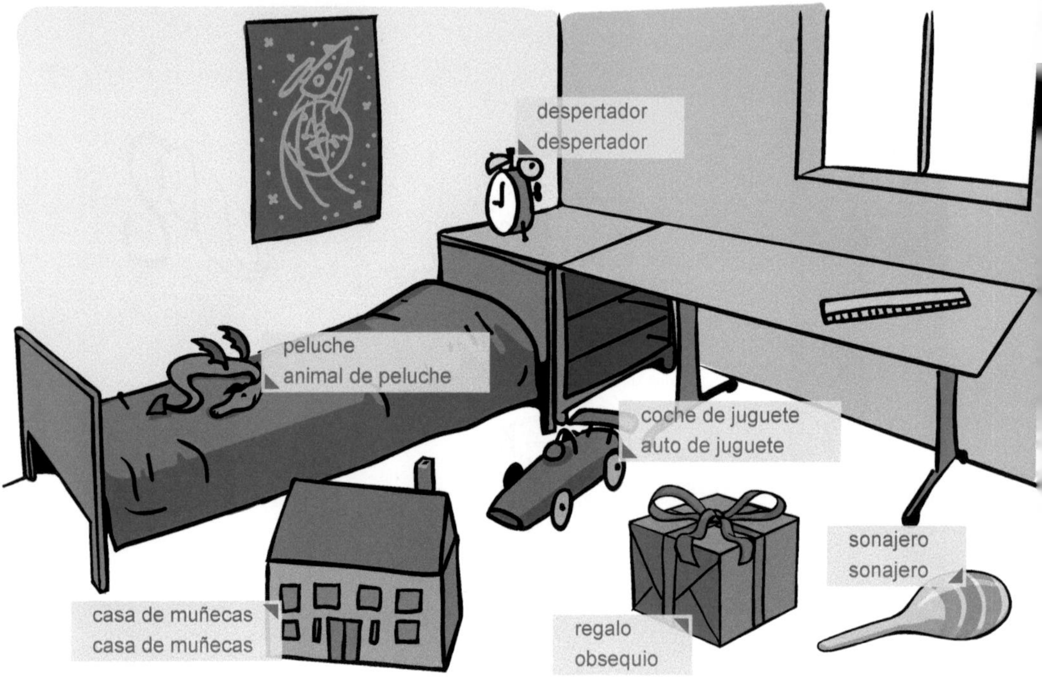

despertador
despertador

peluche
animal de peluche

coche de juguete
auto de juguete

sonajero
sonajero

casa de muñecas
casa de muñecas

regalo
obsequio

globo
globo

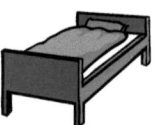

cama
cama

coche de niño
cochecito para niños

naipes
juego de barajas

puzle
rompecabezas

tebeo
cómic

piezas de lego
piezas de Lego

bloques de juguete
bloques para jugar

figura de acción
figura de acción

bodi (de bebé)
pijama de una pieza

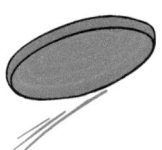

frisbee
frisbee

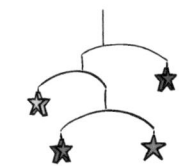

colgador móvil para bebés
móvil

juego de mesa
juego de mesa

dados
dado

circuito de tren eléctrico
tren eléctrico a escala

maniquí
chupete

fiesta
fiesta

álbum de fotos
libro de dibujos

pelota
pelota

muñeca
títere

jugar
jugar

cajón de arena

arenero

columpio

columpio

juguetes

juguetes

videoconsola

consola de videojuego

triciclo

triciclo

oso de peluche

osito de peluche

guardarropa

guardarropa

ropa

vestimenta

calcetines

calcetines

medias

medias

leotardos

panti

bufanda
chal

paraguas
paraguas

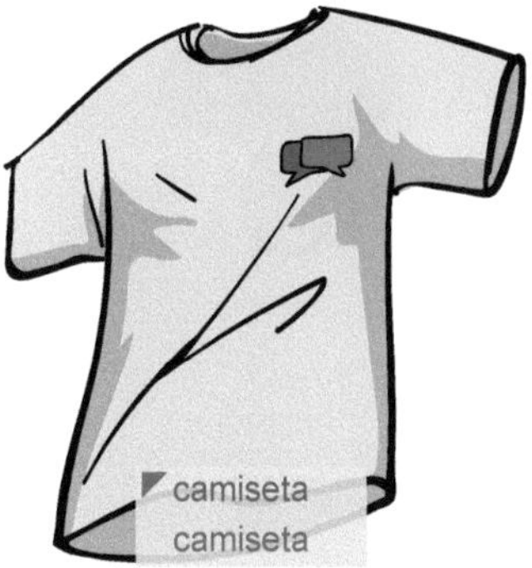

camiseta
camiseta

cinturón
cinturón

botas
botas

zapatillas
zapatilla

deportivas
deportivas

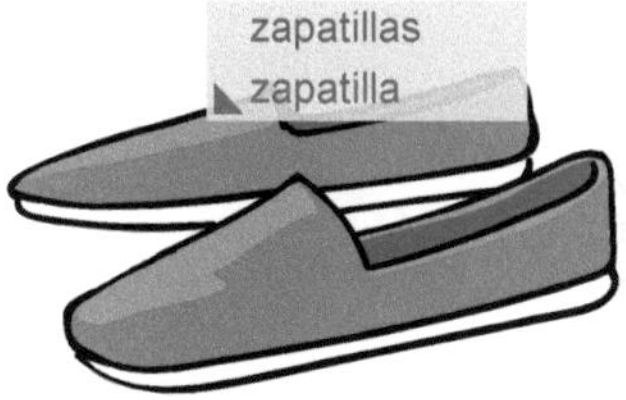

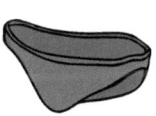

sandalias
....
sandalias

zapatos
....
zapatos

botas de goma
....
botas de goma

slip
....
ropa interior

sostén
....
corpiño

chaleco
....
camiseta

bodi
body

pantalones
pantalón

vaqueros
jeans

falda
falda

blusa
blusa

camisa
camisa

jersey
pullover

suéter
sweater

blazer
blazer

chaqueta
chaqueta

abrigo
abrigo

gabardina
impermeable

traje
traje chaqueta

vestido
vestido

vestido de novia
vestido de bodas

ropa - vestimenta

traje

traje

camisón

camisón

pijama

pijama

sari

sari

bandana

pañuelo de cabeza

turbante

turbante

burka

burka

caftán

caftán

abaya

abaya

traje de baño

traje de baño

bañador

bañador

pantalones cortos

shorts

chándal

chándal

delantal

delantal

guantes

guante

botón

botón

gafas

gafa

brazalete

brazalete

collar

cadena

anillo

anillo

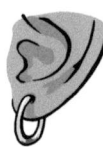

pendiente

aro

gorra

gorra

percha

percha

sombrero

sombrero

corbata

corbata

cremallera

cierre a cremallera

casco

casco

tirantes

tiradores

uniforme escolar

uniforme escolar

uniforme

uniforme

ropa - vestimenta

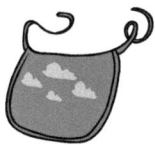

babero

babero

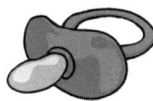

maniquí

chupete

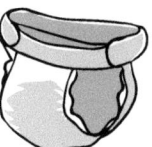

pañal

pañal

oficina

oficina

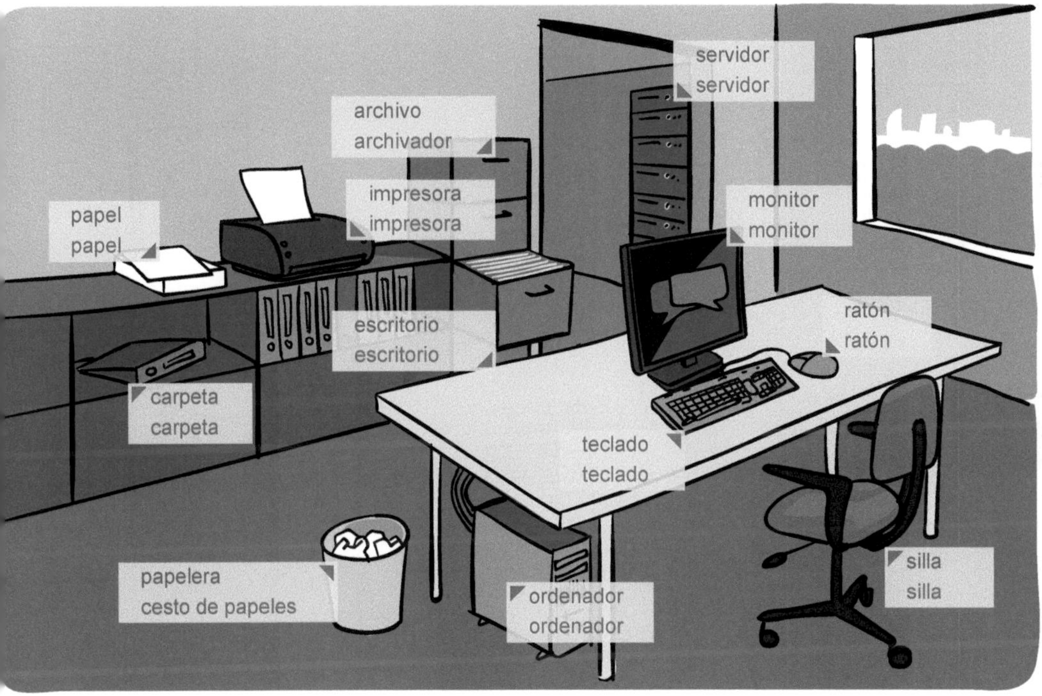
servidor
servidor
archivo
archivador
impresora
impresora
papel
papel
monitor
monitor
ratón
ratón
escritorio
escritorio
carpeta
carpeta
teclado
teclado
silla
silla
papelera
cesto de papeles
ordenador
ordenador

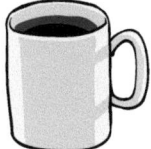

taza de café

taza de café

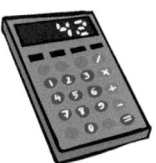

calculadora

calculadora

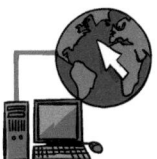

internet

internet

portátil

laptop

carta

carta

mensaje

mensaje

móvil

teléfono móvil

red

red

fotocopiadora

fotocopiadora

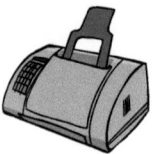

software

software

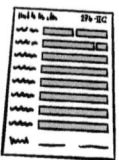

teléfono

teléfono

toma de corriente

tomacorriente

fax

máquina de fax

formulario

formulario

documento

documento

comprar

comprar

pagar

pagar

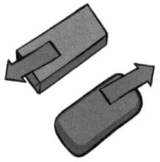

comerciar

comerciar

dinero

dinero

dólar

dólar

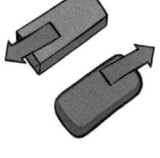

euro

euro

yen

yen

rublo

rublo

franco suizo

franco

renminbi yuan

renminbi

rupia

rupia

cajero automático

cajero automático

oficina de cambio de divisas

casa de cambio

oro

oro

plata

plata

petróleo

petróleo

energía

energía

precio

precio

contrato

contrato

impuesto

impuesto

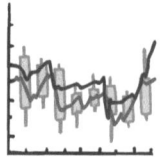

acción

acción

trabajar

trabajar

empleado

empleado

empleador

empleador

fábrica

fábrica

tienda

negocio

oficios
ocupaciones

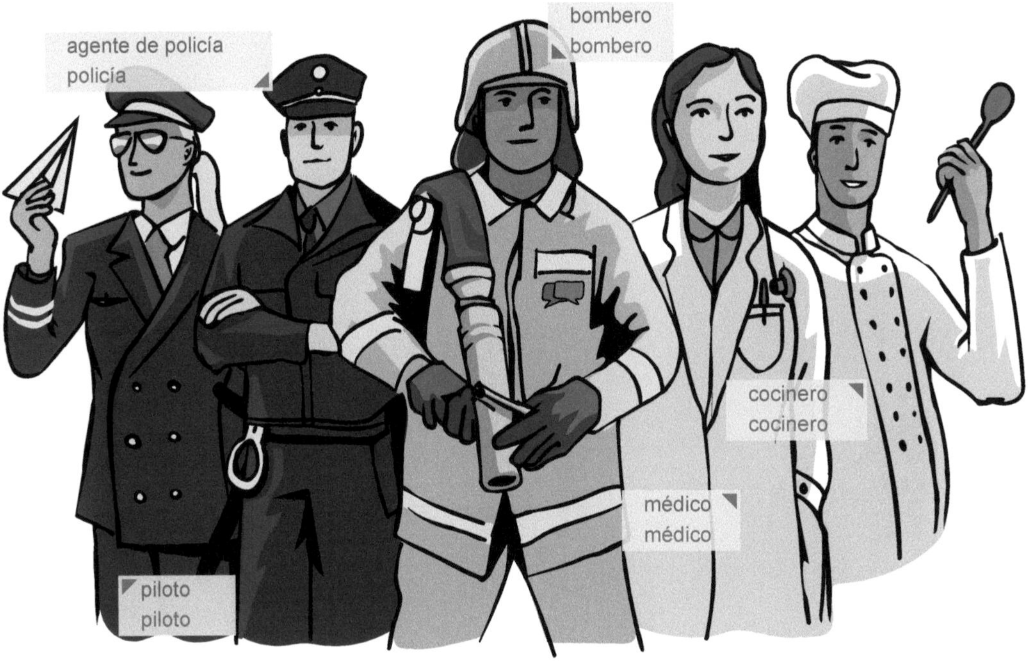

agente de policía
policía
bombero
bombero
cocinero
cocinero
médico
médico
piloto
piloto

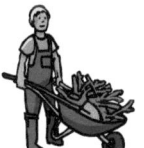

jardinero

jardinero

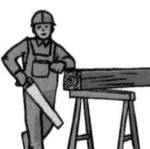

carpintero

carpintero

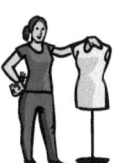

costurera

costurera

juez

juez

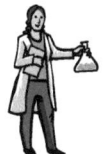

farmacéutico

químico

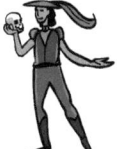

actor

actor

conductor de autobús

conductor de autobús

taxista

taxista

pescador

pescador

señora de la limpieza

mujer de la limpieza

techador

techista

camarero

camarero

cazador

cazador

pintor

pintor

panadero

panadero

electricista

electricista

obrero

albañil

ingeniero

ingeniero

carnicero

carnicero

fontanero

fontanero

cartero

cartero

soldado
soldado

arquitecto
arquitecto

cajero
cajero

florista
florista

peluquero
peluquero

revisor
cobrador

mecánico
mecánico

capitán
capitán

dentista
odontólogo

científico
científico

rabino
rabino

imán
imam

monje
monje

sacerdote
párroco

herramientas
herramientas

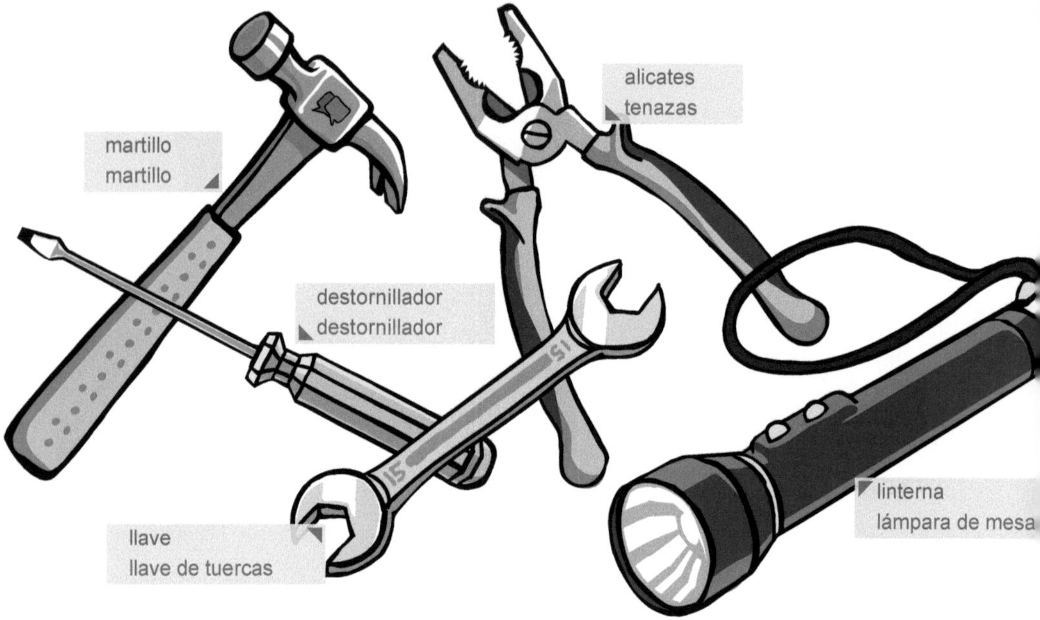

alicates
tenazas
martillo
martillo
destornillador
destornillador
linterna
lámpara de mesa
llave
llave de tuercas

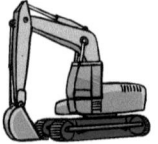

excavadora
excavadora

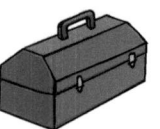

caja de herramientas
caja de herramientas

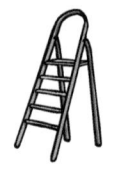

escalera de mano
escalerilla

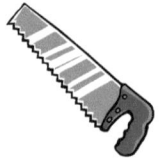

sierra
serrucho

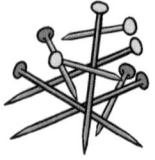

clavos
clavos

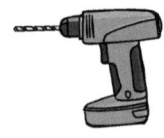

taladro
taladro

reparar
reparar

pala
pala

¡Maldita sea!
¡Maldición!

recogedor
recogedor

bote de pintura
lata de pintura

tornillos
tornillos

instrumentos musicales
instrumentos musicales

altavoz
altavoz

batería
batería

contrabajo
contrabajo

trompeta
trompeta

guitarra
guitarra

piano

piano

violín

violín

bajo

bajo

timbales

timbales

tambor

tambor

teclado

teclado

saxofón

saxofón

flauta

flauta

micrófono

micrófono

tigre
tigre

entrada
entrada

jaula
jaula

cebra
cebra

pienso
comida para animales

panda
panda

animales
animales

elefante
elefante

canguro
canguro

rinoceronte
rinoceronte

gorila
gorila

oso
oso

camello

camello

avestruz

avestruz

león

león

mono

mono

flamingo

flamengo

loro

papagayo

oso polar

oso polar

pingüino

pingüino

tiburón

tiburón

pavo real

pavo real

serpiente

serpiente

cocodrilo

cocodrilo

guardián de zoológico

cuidador del zoológico

foca

foca

jaguar

jaguar

poni

pony

leopardo

leopardo

hipopótamo

hipopótamo

jirafa

jirafa

águila

águila

jabalí

jabalí

pescado

pescado

tortuga

tortuga

morsa

morsa

zorro

zorro

gacela

gacela

fútbol americano
fútbol americano

ciclismo
ciclismo

tenis
tenis

baloncesto
baloncesto

natación
natación

boxeo
boxeo

hockey sobre hielo
hockey sobre hielo

fútbol
fútbol

bádminton
badminton

atletismo
atletismo

balonmano
balonmano

esquí
esquí

polo
polo

actividades
actividades

reír
reír
saltar
saltar
abrazar
abrazar
caminar
caminar
cantar
cantar
soñar
soñar
rezar
rezar
besar
besar

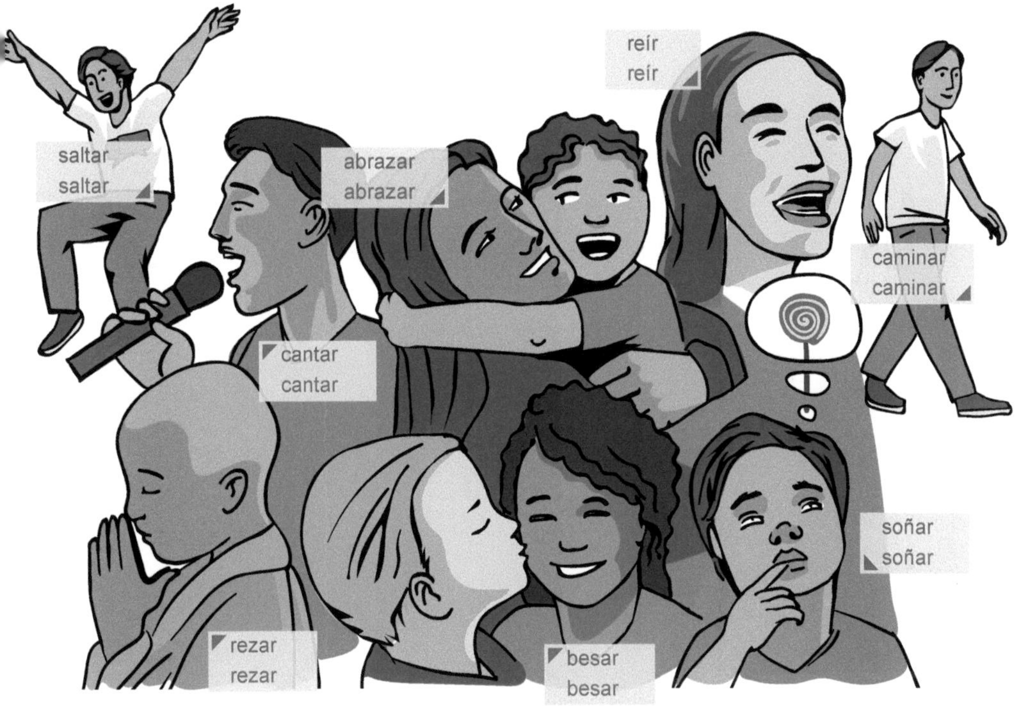

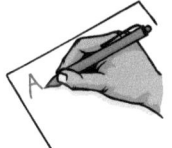

escribir
escribir

dibujar
dibujar

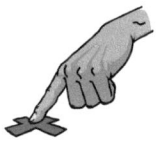

mostrar
mostrar

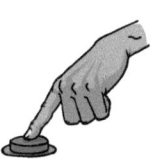

empujar
presionar

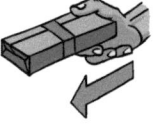

dar
dar

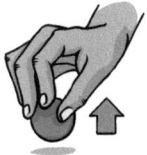

tomar
tomar

tener
tener

hacer
hacer

ser
ser

estar de pie
estar de pie

correr
correr

tirar
tirar

tirar
arrojar

caer
caer

yacer
estar acostado

esperar
esperar

llevar
llevar

estar sentado
estar sentado

vestirse
vestirse

dormir
dormir

despertar
despertar

mirar

mirar

llorar

llorar

acariciar

acariciar

peinar

peinarse

hablar

conversar

entender

entender

preguntar

preguntar

escuchar

oír

beber

beber

comer

comer

ordenar

asear

amar

amar

cocinar

cocinar

conducir

conducir

volar

volar

navegar

navegar

calcular

calcular

leer

leer

aprender

aprender

trabajar

trabajar

casarse

casarse

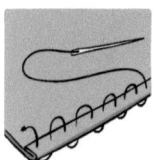

coser

coser

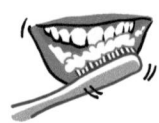

cepillarse los dientes

limpiarse los dientes

matar

matar

fumar

fumar

enviar

enviar

abuela
abuela

abuelo
abuelo

padre
padre

madre
madre

bebé
bebé

hija
hija

hijo
hijo

invitado
·················
invitado

tía
·················
tía

tío
·················
tío

hermano
·················
hermano

hermana
·················
hermana

cuerpo

cuerpo

frente
frente
ojo
ojo
hombro
hombro
dedo
dedo
cara
cara
barbilla
barbilla
mano
mano
pierna
pierna
pecho
pecho
brazo
brazo

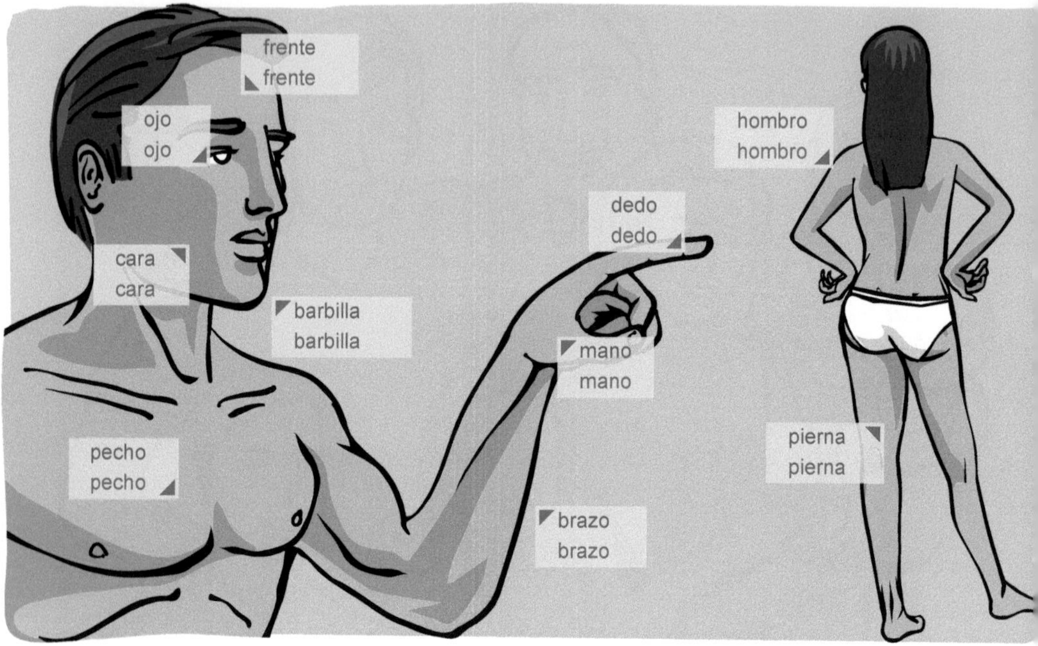

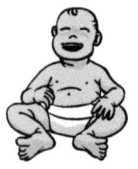

bebé

bebé

hombre

hombre

mujer

mujer

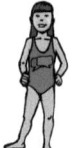

chica

muchacha

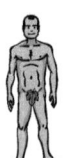

chico

joven

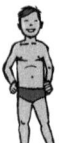

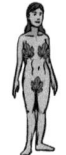

cabeza

cabeza

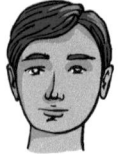

espalda

espalda

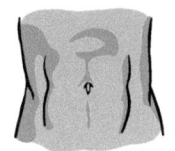

vientre

vientre

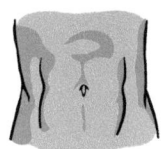

ombligo

ombligo

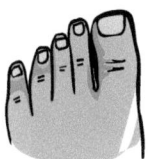

dedo del pie

dedo del pie

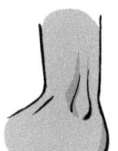

talón

talón

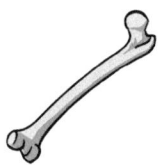

hueso

hueso

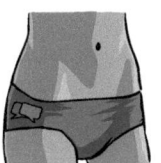

cadera

cadera

rodilla

rodilla

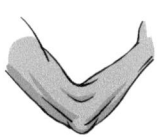

codo

codo

nariz

nariz

trasero

trasero

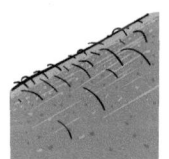

piel

piel

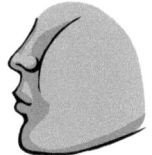

mejilla

mejilla

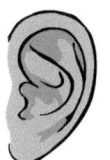

oído

oreja

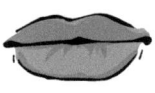

labio

labio

boca

boca

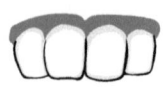

diente

diente

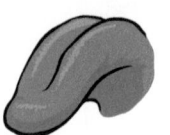

lengua

lengua

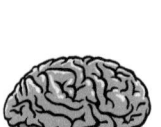

cerebro

cerebro

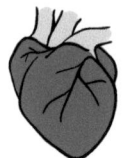

corazón

corazón

músculo

músculo

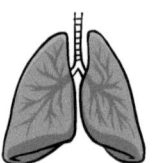

pulmón

pulmón

hígado

hígado

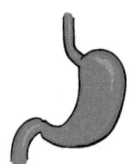

estómago

estómago

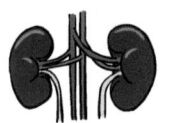

riñones

riñones

sexo

relación sexual

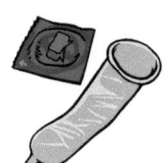

condón

condón

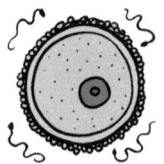

ovario

Óvulo

semen

esperma

embarazo

embarazo

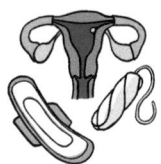

menstruación

menstruación

vagina

vagina

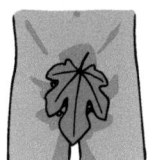

pene

pene

ceja

ceja

pelo

cabello

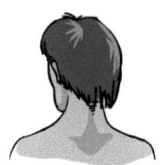

cuello

cuello

hospital
hospital

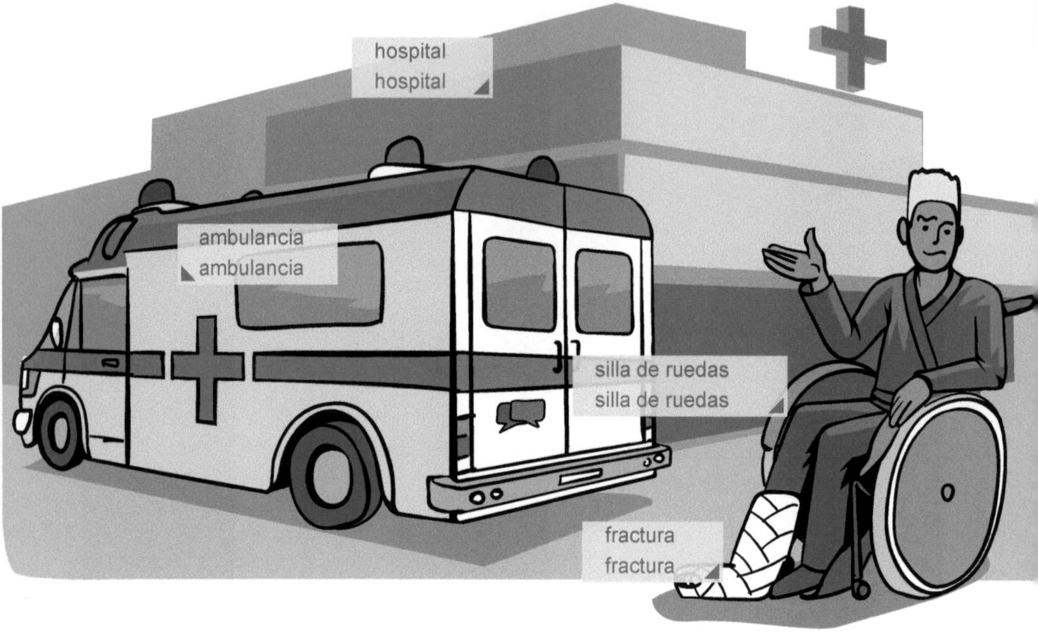

hospital
hospital
ambulancia
ambulancia
silla de ruedas
silla de ruedas
fractura
fractura

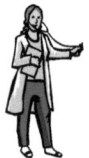

médico
médico

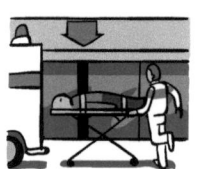

sala de urgencias
admisión de urgencia

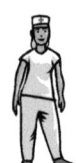

enfermera
enfermera

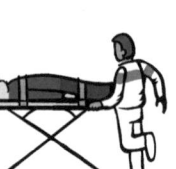

urgencia
emergencia

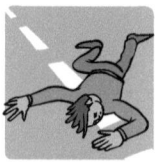

inconsciente
inconsciente

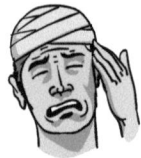

dolor
dolor

lesión
lesión

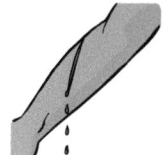

hemorragia
hemorragia

infarto
infarto de miocardio

ictus
apoplejía cerebral

alergia
alergia

tos
tos

fiebre
fiebre

gripe
gripe

diarrea
diarrea

dolor de cabeza
dolor de cabeza

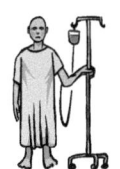

cáncer
cáncer

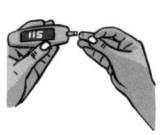

diabetes
diabetes

cirujano
cirujano

bisturí
escalpelo

operación
operación

TAC
TC

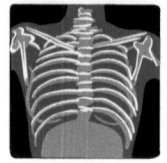

rayos x
rayos X

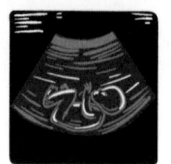

ultrasonido
ultrasonido

mascarilla
máscara

enfermedad
enfermedad

sala de espera
sala de espera

muleta
muleta

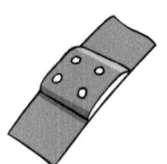

tirita
emplasto

venda
vendaje

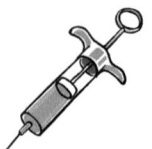

inyección
inyección

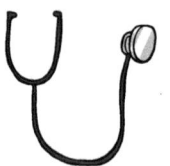

estetoscopio
estetoscopio

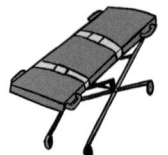

camilla
camilla

termómetro
termómetro

nacimiento
nacimiento

sobrepeso
sobrepeso

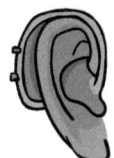

audífono
audífono

desinfectante
desinfectante

infección
infección

virus
virus

VIH / SIDA
VIH / SIDA

medicina
medicina

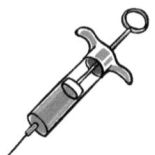

vacunación
vacunación

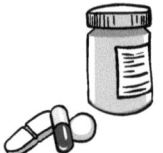

tabletas
comprimido

pastilla
píldora anticonceptiva

llamada de urgencia
llamada de emergencia

tensiómetro
medidor de presión arterial

enfermo / sano
enfermo / saludable

¡Socorro!

¡Ayuda!

alarma

alarma

asalto

asalto

ataque

ataque

peligro

peligro

salida de emergencia

salida de emergencia

¡Fuego!

¡Fuego!

extintor de incendios

extintor

accidente

accidente

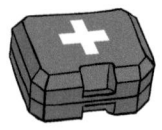

botiquín de primeros auxilios

kit de primeros auxilios

SOS

SOS

policía

Policía

Europa

Europa

Norteamérica

América del Norte

Sudamérica

América del Sur

África

África

Asia

Asia

Australia

Australia

Atlántico

Atlántico

Pacífico

Pacífico

Océano Índico

Océano Índico

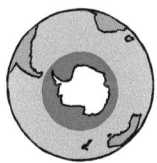

Océano Antártico

Océano Antártico

Océano Ártico

Océano Ártico

polo norte

Polo Norte

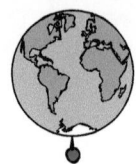

polo sur

Polo Sur

Antártida

Antártida

tierra

Tierra

tierra

país

mar

mar

isla

isla

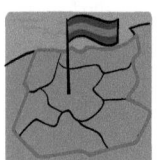

nación

nación

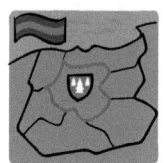

estado

Estado

esfera

cuadrante

manecilla de las horas

horario

minutero

minutero

segundero

segundero

¿Qué hora es?

¿Qué hora es?

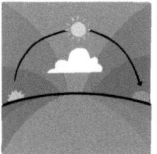

día

día

tiempo

tiempo

ahora

ahora

reloj digital

reloj digital

minuto

minuto

hora

hora

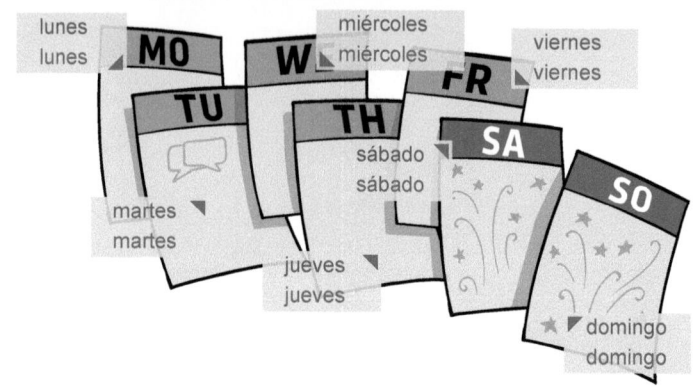

lunes
lunes

miércoles
miércoles

viernes
viernes

martes
martes

sábado
sábado

jueves
jueves

domingo
domingo

ayer
ayer

hoy
hoy

mañana
mañana

mañana
mañana

mediodía
mediodía

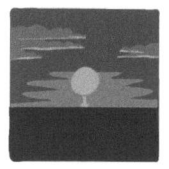

tarde
tarde

días laborables
jornada de trabajo

fin de semana
fin de semana

año

año

arcoíris
arco iris
lluvia
lluvia
nieve
nieve
viento
viento
primavera
primavera
otoño
otoño
verano
verano
invierno
invierno

4.APRIL 11°
5.APRIL 4°
6.APRIL 13°
7.APRIL 8°
8.APRIL 10°

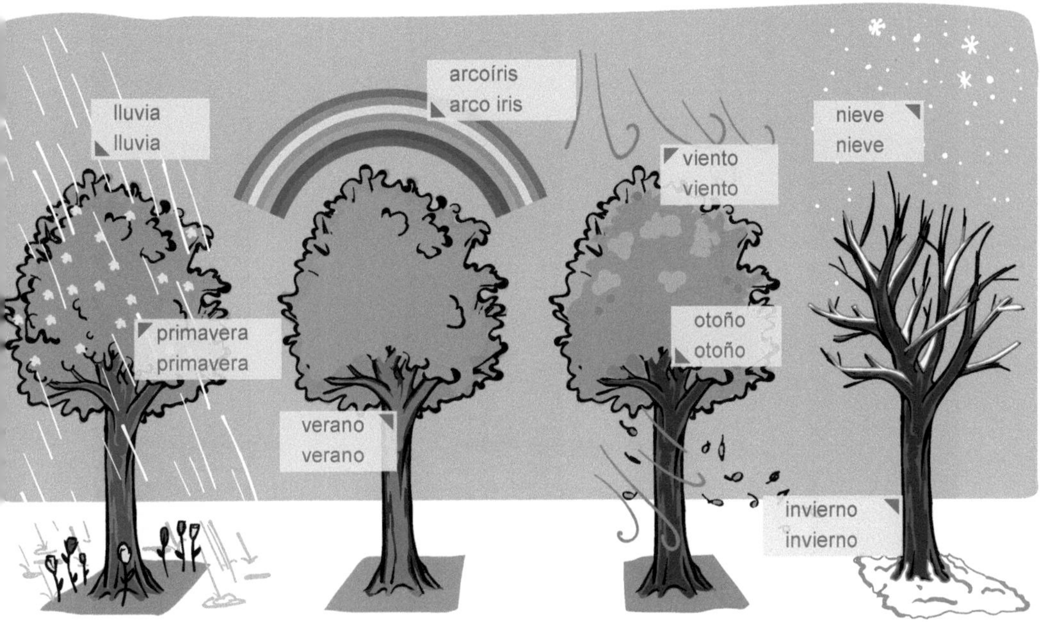

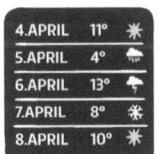

pronóstico del tiempo
....
pronóstico meteorológico

F C
120 40
90 30
60 20
30 10
0 0
-30 -10
-20

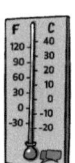

termómetro
....
termómetro

sol
....
luz solar

nube
....
nube

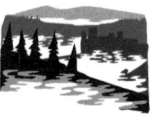

niebla
....
niebla

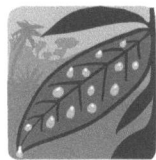

humedad
....
humedad ambiente

rayo

relámpago

trueno

trueno

tormenta

tormenta

granizo

granizo

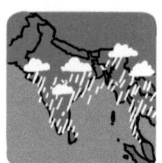

monzón

monzón

inundación

inundación

hielo

hielo

enero

enero

febrero

febrero

marzo

marzo

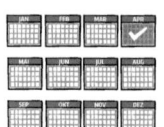

abril

abril

mayo

mayo

junio

junio

julio

julio

agosto

agosto

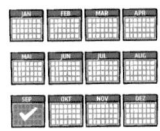

septiembre

septiembre

octubre

octubre

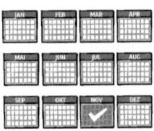

noviembre

noviembre

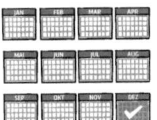

diciembre

diciembre

formas

formas

círculo

círculo

cuadrado

cuadrado

rectángulo

rectángulo

triángulo

triángulo

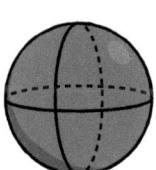

esfera

esfera

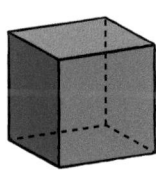

cubo

cubo

blanco
....
blanco

amarillo
....
amarillo

anaranjado
....
anaranjado

rosa
....
rosa

rojo
....
rojo

morado
....
lila

azul
....
azul

verde
....
verde

marrón
....
marrón

gris
....
gris

negro
....
negro

mucho / poco
mucho / poco

enojado / tranquilo
enojado / calmado

bonito / feo
bonito / feo

principio / fin
comienzo / fin

grande / pequeño
grande / pequeño

claro / oscuro
claro / oscuro

hermano / hermana
hermano / hermana

limpio / sucio
limpio / sucio

completo / incompleto
completo / incompleto

día / noche
día / noche

muerto / vivo
muerto / vivo

ancho / estrecho
ancho / angosto

comestible / no comestible

disfrutable / no disfrutable

malo / amable

malo / amigable

entusiasmado / aburrido

excitado / aburrido

gordo / delgado

gordo / delgado

primero / último

primero / último

amigo / enemigo

amigo / enemigo

lleno / vacío

lleno / vacío

duro / blando

duro / suave

pesado / ligero

pesado / liviano

hambre / sed

hambre / sed

enfermo / sano

enfermo / saludable

ilegal / legal

ilegal / legal

inteligente / tonto

inteligente / tonto

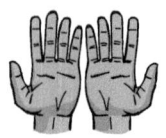

izquierda / derecha

izquierda / derecha

cerca / lejos

cercano / lejano

nuevo / usado
nuevo / usado

nada / algo
nada / algo

viejo / joven
viejo / joven

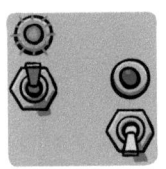

encendido / apagado
encendido / apagado

abierto / cerrado
abierto / cerrado

silencioso / ruidoso
bajo / fuerte

rico / pobre
rico / pobre

correcto / incorrecto
correcto / incorrecto

áspero / suave
áspero / liso

triste / contento
triste / alegre

corto / largo
breve / extenso

lento / rápido
lento / veloz

húmedo / seco
mojado / seco

cálido / frío
caliente / frío

guerra / paz
guerra / paz

0	1	2
cero	uno	dos
cero	uno	dos

3	4	5
tres	cuatro	cinco
tres	cuatro	cinco

6	7	8
seis	siete	ocho
seis	siete	ocho

9	10	11
nueve	diez	once
nueve	diez	once

12

doce

doce

13

trece

trece

14

catorce

catorce

15

quince

quince

16

dieciséis

dieciséis

17

diecisiete

diecisiete

18

dieciocho

dieciocho

19

diecinueve

diecinueve

20

veinte

veinte

100

cien

cien

1.000

mil

mil

1.000.000

millón

millón

inglés
inglés

inglés americano
inglés estadounidense

chino mandarín
chino mandarín

hindi
hindi

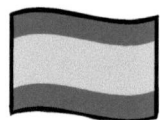

español
español

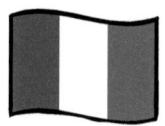

francés
francés

árabe
árabe

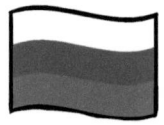

ruso
ruso

portugués
portugués

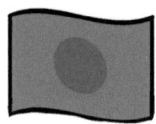

bengalí
bengalí

alemán
alemán

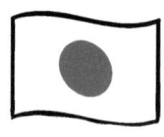

japonés
japonés

yo

yo

tú

tú

él / ella / ello

él / ella

nosotros/as

nosotros

vosotros/as

vosotros

ellos/as

ellos

¿quién?

¿quién?

¿qué?

¿qué?

¿cómo?

¿cómo?

¿dónde?

¿dónde?

¿cuándo?

¿cuándo?

nombre

nombre

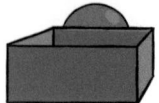

detrás
....
detrás

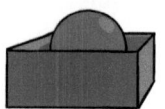

en
....
en

delante de
....
delante de

por encima de
....
encima de

sobre
....
sobre

debajo de
....
debajo de

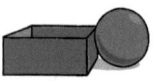

junto a
....
junto a

entre
....
entre

lugar
....
lugar